AF258693

# Ce que Tout le Monde doit Savoir

au sujet

## de l'Impôt sur le Revenu

Questions et réponses
suivies du texte complet
des lois, décret et règlement d'administration publique.

*NOUVELLE ÉDITION avec TABLEAU SYNOPTIQUE*
donnant, pour chaque catégorie de revenus, les éléments
servant à la détermination du Revenu imposable.

## 1917

Collection pratique des Lois Sociales,
éditée par la
Librairie Sociale
6, Place Saint-Christoly, BORDEAUX

# Ce que Tout le Monde doit Savoir

## au sujet de l'Impôt sur le Revenu

Questions et réponses
suivies du texte complet
des lois, décret et règlement d'administration publique.

**1917**



Collection pratique des Lois Sociales,
éditée par la
**Librairie Sociale**
6, Place Saint-Christoly, BORDEAUX

NOUVELLE ÉDITION avec TABLEAU SYNOPTIQUE
donnant, pour chaque catégorie de revenus, les éléments
servant à la détermination du Revenu imposable.

# TABLE DES MATIÈRES


Pages

Notions générales .................................. 3

Personnes imposables ............................. 5

Lieu de l'imposition ............................... 5

Détermination du revenu imposable ............... 6

Montant de l'impôt ................................ 17

Affranchissement de l'impôt ....................... 17

Déductions sur le revenu pour charges de famille. 19

Réductions d'impôt pour charges de famille ..... 19

Exemples de déductions et réductions pour charges de famille ...................................... 21

Déclarations et leur vérification ................. 22

Taxation d'office .................................. 25

    Tableau par revenus et charges de famille.

Rôles. — Réclamations .......................... 26

Sanctions ......................................... 28

Loi de finances du 15 juillet 1914, modifiée par la loi du 30 décembre 1916 (articles 5 à 25 concernant l'impôt général sur le revenu) ............ 30

Loi du 26 décembre 1914 (art. 5) ............... 36

Loi du 29 décembre 1915 (art. 5) ............... 37

Décret du 30 décembre 1915 ..................... 37

Décret du 17 janvier 1917. *Règlement d'administration publique* ................................ 38

Décret du 17 janvier 1917. *Délais supplémentaires pour la Déclaration accordée aux Contribuables empêchés* ....................................... 47

Tableau synoptique .............................. 49

# Ce que tout le Monde doit savoir

au sujet de

# l'Impôt sur le Revenu

## IMPOT GÉNÉRAL SUR LE REVENU

(Loi du 15 Juillet 1914, art. 5 à 25,
modifiée par la loi du 30 décembre 1916.)

## Notions générales.

**Quel a été le point de départ pour la perception du nouvel impôt ?**

L'impôt général sur le revenu devait être établi à partir du 1ᵉʳ janvier 1915.

*Ce point de départ a été reporté au **1ᵉʳ** janvier **1916** par l'article 5 de la loi du 26 décembre 1914. (Voir le texte page 33.)*

**Cet impôt est-il institué en remplacement des autres contributions directes ?**

Non. L'impôt général sur le revenu est un impôt de superposition. Les contributions directes continueront dès lors à être perçues jusqu'à ce qu'il en soit décidé autrement.

**A partir de quel revenu est-on assujetti ?**

Cet impôt supplémentaire ne frappera pas tous les contribuables. Pour y être assujetti il faut en effet posséder plus de 3,000 francs de revenu si l'on est célibataire, veuf ou divorcé, et plus de 5,000 francs si l'on est marié. Encore. convient-il d'ajouter que tout contribuable marié ou non a droit, en outre, à des déductions supplémentaires calculées suivant le nombre de personnes à sa charge.

L'impôt est dégressif. Le tarif plein ne jouera que pour les tranches de revenu supérieures à 150,000 francs (10 % en 1917).

**Précautions prises pour éviter toute indiscrétion au sujet du montant du revenu déclaré.**

Afin d'éviter toute indiscrétion, et d'empêcher la divulgation des chiffres fournis par les intéressés, tous avis et communications échangés entre les agents et l'Administration ou adressés par eux aux contribuables doivent être transmis sous enveloppe fermée.

Est d'ailleurs tenue au secret professionnel, dans les termes de l'article 378 du Code pénal, et passible des peines prévues au dit article, toute personne appelée, à l'occasion de ses fonctions et attributions, à intervenir dans l'établissement, la perception ou le contentieux de l'impôt. Les réclamations sont au surplus jugées en Conseil de préfecture en audience non publique.

De plus, les contribuables ne sont autorisés à se faire délivrer des extraits de rôles qu'en ce qui concerne leurs propres cotisations.

# Personnes imposables
## et lieu de l'imposition.

### Quelles sont les personnes imposables ?

Toute personne ayant en France une résidence habituelle (1) est passible de l'impôt général sur le revenu, à moins que son revenu net total, après déduction pour charges de famille, ne soit inférieur à 3,000 francs si elle est célibataire, et à 5,000 francs si elle est mariée.

### S'il y a plusieurs résidences, quel est le lieu de l'imposition ?

Si le contribuable possède plusieurs résidences, il est assujetti à l'impôt dans la commune où il est réputé posséder son principal établissement.

C'est, dès lors, au contrôleur des contributions directes dont dépend cette localité qu'il devra adresser sa déclaration.

### Dans une famille, qui doit payer l'impôt ?

Chaque chef de famille (2) est imposable, tant en raison de ses revenus personnels que de ceux de sa femme et des autres membres de la famille qui habitent avec lui.

---

(1) Ne sont atteintes par l'impôt sur le revenu ni les personnes qui n'ont aucune résidence en France, alors même qu'elles y posséderaient des propriétés ou exploitations productives de revenus, ni celles qui passent en France chaque année plusieurs semaines ou plusieurs mois sans conserver la disposition d'une habitation dans les intervalles de leurs séjours.

Au contraire, les personnes domiciliées hors de France qui se réservent durant toute l'année pour leur usage privé tout ou partie d'un immeuble sont assujetties à l'impôt, même si elles n'occupent pas de façon effective le logement ainsi réservé.

(2) Le chef de famille, au point de vue fiscal, est celui qui assume en fait la direction de la communauté familiale, abstraction faite de l'autorité morale appartenant aux ascendants ou aux parents les plus âgés.

Toutefois, les contribuables peuvent demander à être imposés distinctement :

1° Lorsqu'une femme séparée de biens ne vit pas avec son mari ;

2° Lorsque les enfants ou autres membres de la famille, sauf le conjoint, tirent un revenu de leur propre travail ou d'une fortune indépendante de celle du chef de famille (1).

---

# Détermination du Revenu imposable.

---

### Comment établit-on l'impôt ?

L'impôt est établi d'après le montant total du revenu *net annuel dont dispose chaque contribuable; ce revenu est déterminé chaque année d'après le produit de l'année précédente* (2).

### En quoi consiste le revenu imposable ?

Pour le déterminer, on doit *additionner les divers revenus nets provenant* :

1° Des propriétés foncières bâties ;
2° Des propriétés foncières non bâties ;
3° Des valeurs et capitaux mobiliers ;
4° Des bénéfices de l'exploitation agricole ;
5° Des bénéfices du commerce, de l'industrie, de l'exploitation minière et des charges et offices ;
6° Des professions libérales ;
7° Des emplois publics et privés ;

---

(1) L'administration admet que le chef de famille peut user de cette faculté même en ce qui touche des mineurs possédant des biens dont il aurait la jouissance.

(2) Il y a lieu de tenir compte, pour les assujettis domiciliés en France de tous les revenus, y compris ceux ayant leur source à l'étranger.

8° De tous capitaux et de toutes professions lucratives non désignés ci-dessus;

9° Des retraites, pensions et rentes viagères.

Pour chaque catégorie de revenus, le revenu net est constitué par l'excédent du produit brut effectivement réalisé, y compris la valeur des profits et des avantages dont le contribuable a joui en nature, sur les dépenses effectuées en vue de l'acquisition et de la conservation du revenu (1).

Ces dépenses comprennent notamment :

En ce qui concerne les propriétés foncières, les frais de gestion, d'assurances, d'entretien et l'amortissement du capital immobilier, à l'exclusion des sommes dépensées pour l'accroissement de ce capital (2);

En ce qui concerne les valeurs mobilières, les impôts dont la charge annuelle incombe au possesseur de ces valeurs;

En ce qui concerne les exploitations agricoles, commerciales, industrielles et autres, le loyer ou, si l'exploitant est propriétaire, la valeur locative des fonds sur lesquels porte l'exploitation agricole, ainsi que des propriétés immobilières occupées pour les besoins de toutes les exploitations ci-dessus mentionnées (3); l'intérêt des capitaux prêtés à l'entreprise lorsque la personnalité de celle-ci est distincte de

---

(1) Voir toutefois la note 2 ci-dessous et la note 4 de la page 9.

(2) L'Administration des Contributions directes admet dans la pratique que les intéressés remplacent le montant des dépenses *réellement effectuées* chaque année par une *estimation moyenne* de ces dépenses et opèrent annuellement, sur le revenu brut de leur propriété pour en évaluer le revenu net, une déduction constante et forfaitaire comparable à celle qui est adoptée pour la fixation des bases de la contribution foncière (maisons : 25 %; usines : 40 %).

(3) Le commerçant, l'industriel ou l'agriculteur qui sont propriétaires des immeubles par eux occupés ou exploités doivent, en dehors du cas de déclaration de revenu global, calculer à part et porter dans les catégories distinctes prévues par la loi leur revenu net foncier et leur bénéfice net d'exploitation, ce qui implique distinction des dépenses correspondantes.

celle de l'exploitant (¹); les traitements, salaires et rétributions diverses payés aux employés, ouvriers et auxiliaires (²) ainsi que la valeur des avantages et des produits qui leur sont concédés en nature ; le coût des matières premières, les frais généraux divers et les frais d'assurances ; le loyer du matériel et des installations n'ayant pas un caractère immobilier, ou, si l'exploitant en est propriétaire, les frais d'entretien et l'amortissement en tenant compte de la nature et des conditions de l'exploitation, à l'exclusion des sommes dépensées pour donner une plus-value à l'outillage et de celles affectées à l'extension de l'entreprise ou à la constitution de réserves (4);

En ce qui concerne les professions libérales, emplois et toutes autres occupations lucratives, les frais de toute nature et les dépenses que nécessite spécialement l'exercice de la fonction, de la profession, de l'emploi ou de l'occupation, ainsi que les retenues supportées et les sommes versées pour la constitution de pensions ou de retraites.

*Du total des revenus nets de diverses catégories ainsi déterminés, il y a lieu de déduire,* dans les conditions où la loi autorise ce retranchement (c'est-à-dire lorsque le contribuable a fait la déclaration de

---

(1) (2) L'intérêt des capitaux engagés par l'exploitant dans sa propre entreprise, de même que la rémunération qu'il s'attribuerait pour son travail personnel, font partie intégrante de ses bénéfices professionnels et ne sauraient en être retranchés. S'ils étaient déduits, ils devraient, d'ailleurs, être rattachés à d'autres catégories de revenus, et le chiffre servant de base au calcul de l'impôt resterait le même.

(3) L'administration admet que, pour les commerçants et industriels qui font leur inventaire annuel à une date autre que le 31 décembre, le bénéfice imposable soit approximativement évalué, soit en appliquant au chiffre d'affaires de l'année envisagée un pourcentage moyen de bénéfices tiré des données fournies par les dernières opérations d'inventaire, soit en isolant, s'il est possible, les bénéfices réalisés pendant la partie de la même année dont les résultats sont compris dans le dernier inventaire et en calculant proportionnellement les bénéfices de l'année entière, sauf à établir, quel que soit le procédé employé, les compensations convenables d'une année à l'autre.

son revenu), le montant des charges qui grèvent ou réduisent l'ensemble du revenu et que la loi spécifie de la façon suivante :

1° Les intérêts des emprunts et dettes à la charge du contribuable (1) ;

2° Les arrérages des rentes payées par lui à titre obligatoire (2) ;

3° Les impôts directs (autres que l'impôt sur le revenu) acquittés par lui ;

4° Les pertes résultant d'un déficit d'exploitation dans une entreprise agricole, commerciale ou industrielle (3).

*C'est le chiffre obtenu après ces déductions qui constitue — en cas de déclaration — le revenu imposable (4).*

## Sera-t-il tenu compte des diminutions de revenu résultant de la guerre ?

Oui, puisque, pour 1917 notamment, l'impôt ne portera que sur les revenus réellement acquis au cours de l'année 1916. De même, l'impôt pour 1918 sera calculé sur les revenus réellement acquis au cours de l'année 1917, et ainsi de suite.

---

(1) A l'exception des intérêts des capitaux d'emprunt engagés dans les entreprises agricoles, industrielles ou commerciales. Ces intérêts déjà déduits dans le calcul des revenus nets de ces catégories ne pourraient, sans double emploi, être retranchés de l'ensemble des revenus des diverses catégories.

(2) Le caractère obligatoire d'une rente ou d'une subvention peut résulter d'un engagement contracté volontairement aussi bien que d'une décision judiciaire.

(3) L'administration admet aussi la déduction des pertes subies dans l'exercice de toute profession non commerciale, et de celles qui résulteraient pour un propriétaire d'immeubles de l'excédent des dépenses de réparation et d'entretien afférentes à des propriétés dont il ne se réserverait pas la jouissance sur les recettes provenant des loyers et fermages.

(4) Cette méthode de détermination et de totalisation des revenus nets des diverses catégories et de déduction finale des charges grevant l'ensemble est celle que prescrit le règlement d'administration publique du 15 janvier 1916 (voir page 31) et qui correspond aux divers paragraphes des formules de déclaration qu'on trouvera dans les mairies. (Voir, au surplus, les tableaux synoptiques à la fin de la présente brochure.)

En conséquence, les sommes que le contribuable n'aura pas touchées en 1916, même si elles sont susceptibles de l'être ultérieurement, soit pendant soit après la guerre, ne devront pas être comprises dans le calcul du revenu imposable. Mais dans le cas où elles seraient encaissées au cours de l'une des années suivantes, elles devraient figurer dans le revenu de la dite année.

**Doit-on comprendre dans le revenu : 1° les remboursements de prêts prélevés sur les revenus du prêteur pendant les années précédentes ; 2° les remboursements au pair de titres remboursables par tirage au sort; 3° le principal de legs ou héritages minimes en espèces?**

Ni les remboursements de prêts consentis à des particuliers, ni les remboursements au pair de titres remboursables par tirage au sort, ni les legs et héritages en espèces, quelque minime que soit leur importance, n'ont le caractère de revenus et ne doivent être comptés comme tels.

**Doit-on comprendre dans la déclaration du revenu :**

a) *Les lots de valeurs à lots ?*

Oui, constituent un gain exceptionnel. Ce point de vue est celui qui est soutenu par l'Administration (1), mais n'a pas encore été confirmé par la jurisprudence. Le lot peut en effet être considéré comme un avantage qui permet de réduire l'intérêt de la somme prêtée, et à ce titre peut être assimilé à un complément d'intérêt ou de revenu. C'est la seule raison, semble-t-il, qui puisse être invoquée en faveur de la thèse administrative.

---

(I) Réponse du Ministre des finances à une question écrite posée par M. Roulleaux-Dugage, député. (*Journal officiel* du 13 février 1916.)

b) *Le remboursement d'une assurance-vie ?*

Non, ce remboursement forme un capital dont les intérêts seuls sont compris dans le revenu.

Il est à remarquer à ce sujet que le déclarant peut déduire de son revenu imposable les primes versées annuellement en vue de la constitution de l'assurance-vie, mais il y a lieu, dans ce cas, de signaler cette circonstance dans la déclaration.

**Doit-on comprendre comme rentes payées à titre obligatoire et déduire du revenu net : 1° les pensions viagères servies bénévolement à d'anciens employés ou serviteurs du contribuable, de ses parents ou prédécesseurs ; 2° les dons ou gratifications volontaires accordés annuellement en sus des traitements et salaires fixes par un patron à ses employés ou par tout contribuable à des œuvres d'intérêt public?**

On ne saurait assimiler à des arrérages de rentes payées à titre obligatoire ni le montant des pensions viagères servies bénévolement, ni les sommes consacrées en dehors de tout engagement par un particulier à des œuvres d'intérêt public, non plus que les gratifications accordées annuellement par un patron à ses employés. Mais si ces gratifications annuelles sont allouées en considération du travail exécuté et constituent un supplément de salaires, elles peuvent à ce titre figurer parmi les frais de l'entreprise.

**Que faut-il faire : a) dans le cas de pension annuelle ?**

*Le père de famille qui, au lieu de doter ses enfants majeurs, leur sert une pension annuelle doit-il payer l'impôt pour son compte sur la partie de son revenu ainsi aliéné sans obligation ?*

*Les bénéficiaires doivent-ils payer à leur tour, chacun sur la pension qu'il reçoit ?*

Oui, puisque le versement des dots ne constitue pas une obligation, mais le montant de la rente ne doit pas être considéré comme constituant un élément du revenu imposable des bénéficiaires.

### b) Dans le cas de revenus différés ?

*Les revenus dont la perception a été différée doivent-ils être rattachés au compte de l'année pendant laquelle ils auraient dû être effectivement encaissés ?*

Non. Les intéressés doivent comprendre dans leurs déclarations les recettes qu'ils ont réellement opérées au cours de l'année précédente à quelque exercice qu'elles se rattachent. Ils n'ont pas à retenir par suite les revenus dont l'encaissement serait différé et qui n'entreront en compte qu'à la déclaration des revenus concernant l'année au cours de laquelle ils auront été réalisés.

### c) Croix de la Légion d'honneur ?

*Un militaire ou un marin doit-il, dans la déclaration de son revenu, tenir compte des sommes qui lui sont payées en raison de la croix de la Légion d'honneur ?*

Sans aucun doute, ces allocations constituent des traitements ou des pensions.

### d) Fonctionnaires ayant leur principal établissement aux colonies ?

*Les Français fonctionnaires ayant aux colonies leur principal établissement sont-ils astreints à l'impôt sur le revenu ?*

Non, lorsqu'ils n'ont pas en France de résidence habituelle au sens de la loi du 15 juillet 1914 (art. 6, 2ᵉ alinéa). Mais si, au contraire, ils y ont une habitation à leur disposition, quelle que soit la durée de leurs séjours en France, ils y sont redevables de l'impôt.

**Quel est le sens de l'expression « revenus réellement acquis » ?**

On entend par là les recettes dont le montant en espèces a été encaissé ou tout au moins mis à la disposition de l'intéressé.

**Quel est le sens de l'expression « dépenses réellement effectuées » ?**

On entend par là les dépenses dont le montant a été effectivement payé au cours de l'année antérieure à celle de l'imposition.

**Qu'est-ce que la valeur des profits et avantages dont un contribuabe a joui en nature ?**

Cette valeur est représentée par l'évaluation en espèces de ces avantages et profits ; c'est, par exemple, la valeur locative du logement dont le propriétaire se réserve l'usage ou dont l'occupant a la jouissance gratuite à titre de rémunération de services rendus.

**Que faut-il faire dans le cas de réparation à des immeubles ?**

*Un propriétaire d'immeuble doit-il défalquer le coût des travaux de réparation et d'entretien exécutés avant l'année qui précède celle de l'imposition et payés seulement au cours de la dite année, de même qu'il ne comprendra dans les revenus de cette année que les sommes encaissées réellement au cours de l'année, bien que dues antérieurement ?*

Oui. Ce sont les dépenses payées au cours de l'année qui précède celle de l'imposition qui doivent être déduites des recettes encaissées au cours de la dite année.

**Que faut-il faire pour les revenus compris entre deux exercices ?**

*Les propriétaires ou viticulteurs qui ont vendu pendant le même exercice fiscal le produit de deux récoltes doivent-ils être taxés sur ce revenu anormal ou convient-il de faire la ventilation entre les deux exercices ?*

Le cultivateur est imposable annuellement d'après le bénéfice correspondant aux ventes dont il a touché le prix dans l'année qui précède celle de l'imposition, alors même que les produits vendus proviendraient de récoltes d'une année antérieure.

**Que faut-il faire dans le cas de vente de cheptel ?**

*Le prix payé à un cultivateur pour la vente de son cheptel doit-il être compris dans la déclaration du revenu ?*

Il n'y a pas lieu de comprendre dans la déclaration le prix de vente des animaux reconnus nécessaires à l'exploitation qui constituent un cheptel d'exploitation. Il n'en serait pas de même des animaux qui ne remplissent pas cette condition et qui doivent être rangés parmi les produits de l'exploitation.

**Que faut-il faire pour les héritages ?**

*Un contribuable qui a recueilli en 1916 la succession de son père décédé le 1ᵉʳ juin 1916 doit-il déclarer les revenus que le défunt a touchés avant de mourir et ceux qu'il a touchés lui-même après le décès ?*

Un héritier n'a pas à faire état de ceux des revenus du défunt qui se rapportent à la période antérieure au décès, qui rentrent dans le capital successoral et sont assujettis à ce titre aux droits de mutation par décès. Il doit comprendre dans sa déclaration les revenus afférents à la période postérieure au décès.

**Cas divers :**

*Peut-on déduire de son revenu les frais de location d'un compartiment de coffre-fort dans un établissement de crédit ? les intérêts prélevés par la banque lorsque le solde du compte d'avance qui lui a été consenti est débiteur ?*

1ʳᵉ *question*. — Non, puisque le compartiment de coffre-fort peut servir au gré du contribuable à mettre en sûreté non seulement des titres productifs de revenus, mais des objets de toute nature. Or, on ne peut faire état, pour la détermination du revenu imposable, que des seules dépenses dont l'objet est nécessairement lié à l'acquisition ou à la conservation des revenus.

2ᵉ *question*. — Les intérêts des avances consenties ne peuvent venir en déduction dans le décompte particulier des revenus des valeurs mobilières, des arrérages des titres déposés en garantie du compte d'avance, mais ces sommes, étant affectées au service d'une dette, rentrent dans la catégorie des dépenses que l'intéressé est en droit de déduire de l'ensemble de ses ressources.

**Quelles sont les déductions qu'un médecin peut faire ?**

*Y a-t-il lieu de déduire du revenu brut, pour un médecin, le loyer des pièces qui servent à la profession, les frais de locomotion, l'abonnement au téléphone, le salaire du personnel attaché au cabinet médical, l'entretien et le renouvellement des instruments, l'achat de livres et l'abonnement aux journaux médicaux ?*

Réponse affirmative pour entretien et renouvellement des instruments, l'achat de livres de médecine et l'abonnement aux journaux médicaux, qui rentrent dans la catégorie des frais nécessités par l'exercice de la médecine. Quant aux autres dépenses, elles ne pourraient être déduites que si l'objet auquel elles s'appliquent pouvait être considéré, dans les conditions où la profession est exercée, comme utilisé principalement en vue de l'exercice de cette profession. Tel serait le cas pour les dépenses d'automobile lorsque le médecin se sert de sa voiture d'une façon *habituelle* pour visiter sa clientèle et non *exceptionnellement*.

**Comment est établi l'impôt pour les personnes non domiciliées en France ?**

Le revenu imposable de ces personnes est fixé forfaitairement par la loi à une somme égale à sept fois la valeur locative de l'habitation ou des diverses habitations dont elles disposent en France.

Si toutefois elles jouissent de revenus ayant leur source en France (propriétés, exploitations, professions) et atteignant un chiffre plus élevé que celui du forfait tiré de la valeur locative de leurs habitations, ce chiffre est substitué à l'évaluation forfaitaire comme base de l'impôt. Le calcul des revenus nets, par catégorie, se fait selon les règles ordinaires. On ne déduit, s'il y a lieu, que le montant des charges supportées ou des pertes subies en France par le contribuable.

Ce régime est applicable aux Français domiciliés hors de France comme aux étrangers.

# Montant de l'Impôt.

## Quelle sera l'importance de l'impôt ?

Le taux de l'impôt pour 1917, bien que sensiblement plus élevé qu'en 1916 (10 % au lieu de 2 %), sera encore empreint d'une certaine modération même pour les revenus élevés. Il n'atteindra dans aucun cas 10 % du revenu. Par exemple, un contribuable possédant 500,000 francs de revenu, s'il est célibataire et n'a pas de charges de famille, aura à payer 45,110 francs (soit 9,02 %).

*L'impôt n'atteint pas ou ménage les petits revenus, ainsi que les familles nombreuses.*

## Qui sera affranchi de l'impôt ?

Sont affranchis de l'impôt les contribuables dont le revenu imposable ne dépasse pas :

3,000 francs, s'ils sont célibataires, veufs ou divorcés ;
5,000 francs, s'ils sont mariés.

## Y a-t-il une échelle dégressive ?

La loi institue, pour le taux de l'impôt, une échelle dégressive.

Chaque contribuable est taxé sur la portion de son revenu imposable qui dépasse 3,000 francs, après déduction, s'il y a lieu, des 2,000 francs accordés aux personnes mariées et des 1,000 ou 1,500 francs, suivant le cas, accordés, comme on le verra plus loin, pour chaque personne à la charge du contribuable.

2.

L'impôt est calculé à raison de 10 %. :

Du 1/10e du revenu compris entre 3,000 et 8,000 francs ;

Des 2/10es du revenu compris entre 8,000 et 12,000 francs ;

Des 3/10es du revenu compris entre 12,000 et 16,000 francs ;

Des 4/10es du revenu compris entre 16,000 et 20,000 francs ;

Des 5/10es du revenu compris entre 20,000 et 40,000 francs ;

Des 6/10es du revenu compris entre 40,000 et 60,000 francs ;

Des 7/10es du revenu compris entre 60,000 et 80,000 francs ;

Des 8/10es du revenu compris entre 80,000 et 100,000 francs ;

Des 9/10es du revenu compris entre 100,000 et 150,000 francs ;

De la totalité du revenu dépassant 150,000 francs.

*Exemples :*

Ainsi un contribuable *célibataire, veuf ou divorcé* ayant 7,000 francs de revenu imposable payera 40 francs :

De 0 à 3,000 francs .............    0 franc.
10 % sur 1/10 de 4,000 francs....    40 francs.
_______________________________________________

Total ...............    40 francs.

Si ce même contribuable possédait 10,000 francs de revenu net, il paierait :

De 0 à 3,000 francs .............    0 franc.
10 % sur le 1/10 de 5,000 francs...    50 francs.
10 % sur les 2/10 de 2,000 francs..    40 francs.
_______________________________________________

Soit au total ..................    90 francs.

Mais s'il avait 15,000 francs de revenu net, il aurait à payer :

De 0 à 3,000 francs ............. 0 franc.
10 % sur le 1/10 de 5,000 francs... 50 francs.
10 % sur les 2/10 de 4,000 francs.. 80 francs.
10 % sur les 3/10 de 3,000 francs.. 90 francs.

Soit au total .................. 220 francs.

En résumé, le contribuable célibataire ayant plus de 150,000 francs de revenu n'aura à payer que 10,110 francs pour les premiers 150,000 francs. La partie du revenu dépassant ce chiffre sera seule taxée au taux plein de 10 %.

---

# Déductions sur le Revenu et réduc= tions d'impôt pour charges de famille.

---

**Quelles sont les déductions sur le revenu prévues pour les charges de famille ?**

Tout contribuable a droit, pour le calcul du revenu imposable, à une déduction de 1,000 francs par personne à sa charge. Si le nombre de ces personnes dépasse 5, la déduction sera portée à 1,500 francs pour chaque personne au delà de la cinquième.

**Quelles sont les personnes à la charge ?**

Sont considérées comme personnes à la charge du contribuable, à la condition de n'avoir pas de revenus distincts de ceux qui servent de base à l'imposition de ce dernier (1) :

1° Les enfants âgés de moins de vingt et un ans;

2° Les autres descendants (et les enfants étrangers recueillis par le contribuable) âgés de moins de vingt et un ans;

3° Les ascendants âgés de plus de 70 ans.

La condition d'âge n'est pas exigée pour les descendants, enfants recueillis ou ascendants qui sont infirmes.

**Quelles sont les réductions d'impôt prévues pour charges de famille ?**

Une fois le revenu imposable calculé et le montant de l'impôt déterminé, on opère encore une réduction sur le montant de la taxe en raison des charges de famille, comme il a été indiqué plus haut, savoir :

5 % pour 1 personne à la charge du contribuable;

10 % pour 2 personnes;

20 % pour 3 personnes;

Et ainsi de suite, chaque personne au delà de la troisième donnant droit à une nouvelle réduction de 10 %, sans que la réduction puisse être, au total, supérieure à la moitié de l'impôt.

---

(1) L'administration considère cette condition comme suffisante et n'exige pas qu'il y ait cohabitation.

# Exemples de déductions et réductions pour charges de famille.

---

### 1°

Un contribuable marié a 12,000 francs de revenu, 2 enfants de moins de 21 ans et une mère de plus de 70 ans à sa charge.

Il y a lieu tout d'abord de déduire sur le revenu net 2,000 francs à titre de contribuable marié. Reste 10,000 francs.

On déduit 1,000 francs par personne à sa charge, soit 3,000 francs. La portion du revenu base de l'impôt est de 7,000 francs.

L'impôt serait de 40 francs (0 franc de 0 à 3,000 francs et 10 % sur 1/10 de 4,000) ; mais il y a lieu de déduire encore 20 % du montant de cet impôt pour les trois personnes à sa charge, soit 8 francs. La taxe sera réduite, en définitive, à 32 francs (40 fr. — 8 fr.).

### 2°

Un contribuable marié ayant 7 personnes à sa charge et un revenu de 20,000 francs sera l'objet des déductions suivantes :

| | |
|---|---|
| En sa qualité de contribuable marié | 2,000 fr. |
| Au titre des 5 premières personnes à sa charge ........................ | 5,000 fr. |
| Au titre des 2 suivantes.......... | 3,000 fr. |

Soit une déduction totale de....... 10,000 fr.

Il lui reste, comme portion de revenu base de l'impôt, 10,000 francs.

L'impôt correspondant serait de 90 francs (0 fr. de 0 à 3,000 fr., 10 % sur 1/10 de 5,000 fr. et 10 % sur 2/10 de 2,000 fr.). La déduction pour charges de famille s'élevait à 60 %, soit 54 francs; mais elle ne peut dépasser la moitié de la cote, c'est-à-dire 45 francs. La taxe sera, en définitive, de 45 francs.

3°

Un contribuable possédant 500,000 francs de revenu, s'il est célibataire et sans charges de famille aura à payer 45,110 francs; s'il a 6 enfants à sa charge, il ne payera que 22,230 francs.

(Voir entre les pages 26 et 27 le Tableau indiquant l'impôt dû par un certain nombre de contribuables choisis parmi les cas les plus fréquents.)

# Déclarations et leur vérification.

## A quel moment faut-il faire sa déclaration ?

Dans les deux premiers mois de chaque année, le contribuable remet ou adresse, sous pli affranchi, au contrôleur des contributions directes, qui en délivre récépissé, la déclaration de son revenu net pour l'année précédente, certifiée exacte et revêtue de sa signature.

Le contribuable qui ne renouvelle pas sa déclaration est considéré comme ayant maintenu sa déclaration précédente.

A cet égard, il convient d'observer que les contribuables, ainsi qu'on le verra plus loin, étant désormais *tenus* de déclarer le *détail* des éléments qui composent leur revenu, auront à prendre certaines précautions au cas où ils auraient usé du droit qui leur était attribué en 1916 de déclarer seulement leur revenu global. Si leur revenu imposable en 1917 devait être égal à celui de 1916, ils auraient à compléter leur déclaration de 1916 en indiquant par nature de revenu les éléments qui composent le revenu global par eux déclaré en 1916.

**Les contribuables mobilisés sont-ils dispensés d'office de faire la déclaration dans les délais prévus par la loi ?**

Un décret du 17 janvier 1917 (1) fixe les conditions dans lesquelles seront accordés aux mobilisés les délais supplémentaires prévus en faveur des contribuables qui se trouveront, par cas de force majeure, dans l'impossibilité de souscrire leur déclaration dans les délais de droit commun. Les délais prévus par ce décret sont les seuls qui puissent être accordés aux contribuables empêchés.

**Comment faut-il faire sa déclaration ?**

Les déclarations sont écrites sur des formules imprimées mises gratuitement dans les mairies à la disposition des intéressés.

Le contribuable est *tenu* de déclarer le *détail* des éléments qui composent son revenu.

Il doit, en outre, s'il veut bénéficier des déductions prévues, indiquer le chiffre et la nature des dettes et pertes qu'il a déduites du revenu net global.

---

(1) Voir p. 46

De plus, le contribuable doit, s'il est marié, le faire connaître et indiquer, en outre, ses charges de famille, le tout d'après la situation existant au 1er janvier de l'année de la déclaration.

C'est l'Administration, et non le déclarant, qui détermine le chiffre résultant des déductions pour charges de famille.

## Peut-on faire établir la déclaration par un tiers en cas d'absence ?

Le contribuable peut charger un mandataire ou un fondé de pouvoirs de faire la déclaration à sa place.

## Quelle est la situation du contribuable qui change de résidence ?

Si ce contribuable n'a pas fait de déclaration l'année précédente, il doit faire, le cas échéant, sa déclaration dans la commune où il habitait au 1er janvier. Mais s'il avait déjà souscrit une déclaration et entendait ne pas la renouveler, il devrait signaler son changement de résidence, dans les deux premiers mois de l'année, au contrôleur du lieu où doit être établie la nouvelle imposition. Faute par lui de se conformer à cette prescription, il ne serait pas recevable à se prévaloir de ce que la mutation n'a pas été opérée pour réclamer la décharge à son imposition, à moins toutefois qu'il ne justifie de son imposition dans une autre commune.

## Quelle est la mission du contrôleur ?

Le contrôleur vérifie la déclaration. Il peut demander à l'intéressé des éclaircissements. Il a le droit de rectifier la déclaration, mais, dans ce cas, il adresse au contribuable, avant d'établir la matrice du rôle, l'indication des éléments qui serviront de base à son imposition. Il invite l'intéressé à se faire entendre ou à faire parvenir son acceptation ou ses observations et à fournir, s'il y a lieu, les justifications utiles au sujet des déductions qu'il demande. Si le désaccord persiste, le contribuable conserve le droit de réclamer après la publication du rôle.

## Taxation d'office.

**Si, au 1ᵉʳ mars, le contribuable n'a rien déclaré, que se passe-t-il ?**

Tout contribuable qui s'est abstenu de faire sa déclaration est taxé d'office. Il en est de même du contribuable qui s'est abstenu de répondre à la demande d'éclaircissements du contrôleur.

En cas de désaccord avec le contrôleur, le contribuable taxé d'office ne peut obtenir, par la voie contentieuse, la décharge ou la réduction de sa cotisation qui lui a été ainsi assignée qu'en apportant toutes les justifications de nature à faire la preuve du chiffre exact de son revenu, et il supporte la totalité des frais de l'instance, y compris ceux d'expertise. Toutefois, au cas où son revenu, établi par la juridiction compétente, ne serait pas supérieur de plus de 10 % au chiffre du revenu produit par lui, ces frais incombent à l'Etat.

**Quelle est la situation du contribuable qui croit n'être pas passible de l'impôt en raison du montant de son revenu?**

Le contribuable qui se trouve dans ce cas n'est pas tenu de faire de déclaration, mais, en vue d'éclairer l'Administration sur sa situation et éviter une taxation d'office, il *peut* produire l'affirmation qu'il n'est pas imposable, en adressant au contrôleur, dans les deux premiers mois de l'année, une déclaration dans ce sens. Cette affirmation doit être accompagnée, s'il y a lieu, de l'état des charges déduites du revenu net et des indications utiles sur son état civil, sa situation de famille et les personnes à sa charge. Il y ajoute les indications relatives à la désignation des personnes de sa famille pour lesquelles il réclame des impositions distinctes.

Le contrôleur vérifie l'affirmation produite par le contribuable, après avoir demandé, s'il y a lieu, des éclaircissements au déclarant.

Si la déclaration est reconnue inexacte, le contrôleur peut recourir à la taxation d'office, comme dans le cas d'absence de déclaration. Le contribuable conserve le droit, bien entendu, de réclamer contre son imposition devant la juridiction contentieuse dans les délais légaux.

# Rôles. — Réclamations.

### Comment sont établis les rôles ?

Les rôles de l'impôt général sur le revenu sont établis et le recouvrement en est poursuivi comme en matière de contributions directes.

### Peut-il y avoir des rôles supplémentaires ?

Oui, ces rôles peuvent être émis dans l'année même pour y inscrire les contribuables omis dans les rôles généraux.

Les contribuables inscrits à tort au rôle d'une commune où ils n'ont point leur résidence unique ou leur principal établissement, et qui obtiennent la décharge de leur contribution, peuvent être inscrits à un rôle supplémentaire de la commune où ils devaient être imposés, rôle émis dans l'année qui suit la date à laquelle la décision accordant cette décharge est devenue définitive.

## Comment se présentent les réclamations ?

L'imposé a le droit, dans un délai de trois mois à partir de la publication du rôle, d'adresser à M. le Préfet une demande en décharge ou réduction de sa cote. Il peut, en outre, en demander la décharge dans un délai de trois mois à partir du jour où il a eu connaissance officielle de son imposition.

Si sa réclamation n'est pas admise par l'Administration, elle est soumise au jugement du Conseil de préfecture. Toutefois, ainsi qu'on l'a dit plus haut, ces réclamations sont jugées et les décisions prononcées en audience non publique.

Tous les arrêtés du Conseil de préfecture sont susceptibles d'appel devant le Conseil d'Etat.

## Comment doit formuler sa réclamation le contribuable taxé d'office et qui se prétend non imposable ?

Le contribuable taxé d'office, qui réclame la décharge de son imposition par le motif que son revenu imposable ne le rendrait pas passible de l'impôt, doit, dans sa réclamation, donner les indications spécifiées dans le paragraphe 2 de l'article 6 du décret du 17 janvier 1917, à moins qu'ayant produit antérieurement l'affirmation prévue par cet article, il ne les ait fournies à l'appui de cette affirmation. Faute par lui de se conformer à cette prescription, il ne pourra prétendre au bénéfice des déductions pour les dettes ou charges desquelles il n'aura pas donné ces indications.

# Sanctions.

**Les sanctions sont les suivantes :**

1° Dans le cas où un contribuable n'aura pas souscrit de déclaration dans le délai prévu, le montant de l'impôt sera majoré de 10 % ;

2° Dans le cas où un contribuable n'a déclaré qu'un revenu insuffisant, il est tenu de verser, en sus des droits afférents au montant réel de son revenu imposable, *une somme égale* à la partie de ces droits correspondant au revenu *non déclaré*. En d'autres termes, la taxe est *doublée* pour cette partie de son revenu.

Toutefois, la double taxe n'est due que si l'insuffisance constatée est supérieure au dixième du revenu imposable ;

3° Lorsqu'une insuffisance du revenu déclaré ou taxé d'office aura été constatée par l'administration après l'établissement du rôle, la cotisation correspondant à cette insuffisance pourra être réclamée au contribuable soit dans l'année même, soit au cours des cinq années suivantes.

**Au décès, l'Administration pourra-t-elle encore établir un complément d'imposition pour insuffisance de revenu ?**

Oui, après le décès du contribuable. L'article 20 de la loi du 15 juillet 1914 dispose qu' « en cas d'insuffisance de déclaration ou de taxation constatée à l'ouverture d'une succession, le Trésor opérera le recouvrement des impôts non perçus ».

Il est à remarquer que, d'après ce texte, le droit de répétition après le décès peut s'exercer même lorsque aucune déclaration n'a été faite et lorsque le revenu a été taxé d'office par l'administration.

L'article 11 du décret du 17 janvier 1917 limite ce droit de répétition aux omissions ou insuffisances portant sur les rôles de l'année du décès ou des cinq années antérieures. Les sommes dues sont recouvrées contre les ayants droit à la succession, tenus solidairement, au moyen de rôles émis au cours des deux années suivant la déclaration de la succession ou, à défaut de déclaration, le paiement par les héritiers des droits de mutation.

# LOI DE FINANCES

du 15 Juillet 1914, modifiée par la
loi du 30 décembre 1916.

*Articles concernant l'impôt général sur le Revenu.*

ART. 5. — Il est établi un impôt général sur le revenu.

ART. 6. — L'impôt général sur le revenu est dû, au $1^{er}$ janvier de chaque année, par toutes les personnes ayant en France une résidence habituelle.

Sont considérées comme ayant en France une résidence habituelle les personnes qui y possèdent une habitation à leur disposition à titre de propriétaires, d'usufruitiers ou de locataires, lorsque, dans ce dernier cas, la location est conclue soit par convention unique, soit par conventions successives, pour une période continue d'au moins une année.

ART. 7. — Si le contribuable a une résidence unique, l'impôt est établi au lieu de cette résidence.

Si le contribuable possède plusieurs résidences, il est assujetti à l'impôt au lieu où il est réputé posséder son principal établissement.

ART. 8. — Chaque chef de famille est imposable tant en raison de ses revenus personnels que de ceux de sa femme et des autres membres de la famille qui habitent avec lui.

Toutefois, les contribuables peuvent réclamer des impositions distinctes :

1° Lorsqu'une femme séparée de biens ne vit pas avec son mari ;

2° Lorsque les enfants ou autres membres de la famille, sauf le conjoint, tirent un revenu de leur propre travail ou d'une fortune indépendante de celle du chef de famille.

Art. 9. — Sont affranchis de l'impôt :

1° Les personnes dont le revenu imposable n'excède pas la somme de 3,000 francs, majorée, s'il y a lieu, conformément à l'article 12 ci-après ;

2° Les ambassadeurs et autres agents diplomatiques étrangers, ainsi que les consuls et agents consulaires de nationalité étrangère, mais seulement dans la mesure où les pays qu'ils représentent concèdent des avantages analogues aux agents diplomatiques et consulaires français.

Art. 10. — L'impôt est établi d'après le montant total du revenu net annuel dont dispose chaque contribuable. Ce revenu net est déterminé, eu égard aux propriétés et aux capitaux que possède ce contribuable, aux professions qu'il exerce, aux traitements, salaires, pensions et rentes viagères dont il jouit, ainsi qu'aux bénéfices de toutes occupations lucratives auxquelles il se livre, sous déduction : 1° des intérêts des emprunts et dettes à sa charge ; 2° des arrérages de rentes payées par lui à titre obligatoire ; 3° des autres impôts directs acquittés par lui ; 4° des pertes résultant d'un déficit d'exploitation dans une entreprise agricole, commerciale ou industrielle.

Le revenu imposable correspondant aux diverses sources de revenus énumérées ci-dessus est déterminé chaque année d'après leur produit respectif pendant la précédente année.

Art. 11. — En ce qui concerne les personnes non domiciliées en France, mais y possédant une ou plusieurs résidences, le revenu imposable est fixé à une somme égale à sept fois la valeur locative de cette ou de ces résidences, à moins que les revenus tirés par le contribuable de propriétés,

# TABLEAU INDIQUANT L'IMPOT DÛ DA...

| Revenu total | n'ayant personne à sa charge | | ayant à sa charge (ascendants âgés de plus de...) | | | | | |
|---|---|---|---|---|---|---|---|---|
| | célibataire veuf ou divorcé | marié | 1 personne célibataire | 1 personne marié | 2 personnes célibataire | 2 personnes marié | 3 personnes célibataire | 3 personnes marié |
| 3.000 | » | » | » | » | » | » | » | |
| 4.000 | 10 | » | » | » | » | » | » | |
| 5.000 | 20 | » | 9 50 | » | » | » | » | |
| 6.000 | 30 | 10 | 19 » | » | 9 » | » | » | |
| 7.000 | 40 | 20 | 28 50 | 9 50 | 18 » | » | 8 » | » |
| 8.000 | 50 | 30 | 38 » | 19 » | 27 » | 9 » | 16 » | » |
| 9.000 | 70 | 40 | 47 50 | 28 50 | 36 » | 18 » | 24 » | 8 |
| 9.500 | 80 | 45 | 57 » | 33 25 | 40 » | 22 50 | 28 » | 12 |
| 10.000 | 90 | 50 | 66 50 | 38 » | 45 » | 27 » | 32 » | 16 |
| 11.000 | 110 | 70 | 85 50 | 47 50 | 63 » | 36 » | 40 » | 24 |
| 11.500 | 120 | 80 | 95 » | 57 » | 72 » | 40 50 | 48 » | 28 |
| 12.000 | 130 | 90 | 104 50 | 66 50 | 81 » | 45 » | 56 » | 32 |
| 12.500 | 145 | 100 | 114 » | 76 » | 90 » | 54 » | 64 » | 36 |
| 13.000 | 160 | 110 | 123 50 | 85 50 | 99 » | 63 » | 72 » | 40 |
| 13.500 | 175 | 120 | 137 75 | 95 » | 108 » | 72 » | 80 » | 48 |
| 14.000 | 190 | 130 | 152 » | 104 50 | 117 » | 81 » | 88 » | 56 |
| 14.500 | 205 | 145 | 166 25 | 114 » | 130 50 | 90 » | 96 » | 64 |
| 15.000 | 220 | 160 | 180 50 | 123 50 | 141 » | 99 » | 104 » | 72 |
| 16.000 | 250 | 190 | 209 » | 152 » | 171 » | 117 » | 128 » | 88 |
| 17.000 | 290 | 220 | 237 50 | 180 50 | 198 » | 144 » | 152 » | 104 |
| 18.000 | 330 | 250 | 275 50 | 209 » | 225 » | 171 » | 176 » | 128 |
| 19.000 | 370 | 290 | 313 50 | 237 50 | 261 » | 198 » | 200 » | 152 |
| 20.000 | 410 | 330 | 351 50 | 275 50 | 297 » | 225 » | 232 » | 176 |
| 21.000 | 460 | 370 | 389 50 | 313 50 | 333 » | 261 » | 264 » | 200 |
| 22.000 | 510 | 410 | 437 » | 351 50 | 369 » | 297 » | 296 » | 232 |
| 23.000 | 560 | 460 | 484 50 | 389 50 | 414 » | 333 » | 328 » | 264 |
| 24.000 | 610 | 510 | 532 » | 437 » | 459 » | 369 » | 368 » | 296 |
| 25.000 | 660 | 560 | 579 50 | 484 50 | 504 » | 414 » | 408 » | 328 |
| 26.000 | 710 | 610 | 627 » | 532 » | 549 » | 459 » | 448 » | 368 |
| 27.000 | 760 | 660 | 674 50 | 579 50 | 594 » | 504 » | 488 » | 408 |
| 28.000 | 810 | 710 | 722 » | 627 » | 639 » | 549 » | 528 » | 448 |
| 28.500 | 835 | 735 | 745 75 | 650 75 | 661 50 | 571 50 | 548 » | 468 |
| 29.000 | 860 | 760 | 769 50 | 674 50 | 684 » | 594 » | 568 » | 488 |
| 30.000 | 910 | 810 | 817 » | 722 » | 729 » | 639 » | 608 » | 528 |
| 30.500 | 935 | 835 | 840 75 | 745 75 | 751 50 | 661 50 | 628 » | 548 |
| 31.000 | 960 | 860 | 864 50 | 769 50 | 774 » | 684 » | 648 » | 568 |
| 32.000 | 1.010 | 910 | 912 » | 817 » | 819 » | 729 » | 688 » | 608 |
| 33.000 | 1.060 | 960 | 959 50 | 864 50 | 864 » | 774 » | 728 » | 648 |
| 34.500 | 1.135 | 1.035 | 1030 75 | 935 75 | 931 50 | 841 50 | 788 » | 708 |
| 35.000 | 1.160 | 1.060 | 1054 50 | 959 50 | 954 » | 864 » | 808 » | 728 |
| 36.500 | 1.235 | 1.135 | 1125 75 | 1030 75 | 1021 50 | 931 50 | 868 » | 788 |
| 38.000 | 1.310 | 1.210 | 1197 » | 1102 » | 1089 , | 999 » | 928 » | 848 |
| 39.500 | 1.385 | 1.285 | 1268 25 | 1113 25 | 1136 50 | 1066 50 | 988 » | 868 |
| 50.000 | 2.010 | 1.890 | 1852 50 | 1738 50 | 1701 » | 1593 » | 1464 » | 1368 |
| 100.000 | 5.610 | 5.450 | 5253 50 | 5101 50 | 4905 » | 4764 » | 4296 » | 4168 |
| 150.000 | 10.110 | 9.930 | 9519 » | 9348 » | 8937 » | 8775 » | 7872 » | 7728 |
| 200.000 | 15.110 | 14.910 | 14.250 50 | 14069 50 | 13419 » | 13239 » | 13329 » | 11688 |
| 300.000 | 25.110 | 24.910 | 23750 50 | 23569 50 | 22419 » | 22239 » | 22329 » | 19688 |
| 500.000 | 45.110 | 44.910 | 42.750 50 | 42569 50 | 40419 » | 40239 » | 40329 » | 35688 |

# ...TAINS CAS PRIS A TITRE D'EXEMPLE

## Contribuable célibataire ou marié

(ou infirmes; descendants ou enfants recueillis âgés de moins de 21 ans ou infirmes)

| 4 personnes | | 5 personnes | | 6 personnes | | 7 personnes | | 8 personnes | |
| célibataire | marié | célibataire | marié | célibataire | marié | célibataire | marié | célibataire | marié |
| --- | --- | --- | --- | --- | --- | --- | --- | --- | --- |
| [illegible] | » | » | » | » | » | » | » | » | » |
| [illegible] | » | » | » | » | » | » | » | » | » |
| [illegible] | » | » | » | » | » | » | » | » | » |
| [illegible] | » | » | » | » | » | » | » | » | » |
| [illegible] | » | » | » | » | » | » | » | » | » |
| [illegible] | » | » | » | » | » | » | » | » | » |
| [illegible] | » | 6 | » | » | » | » | » | » | » |
| [illegible] | » | 9 | » | » | » | » | » | » | » |
| [illegible] | 7 | 12 | » | 2 50 | » | » | » | » | » |
| [illegible] | 14 | 18 | 6 | 7 50 | » | » | » | » | » |
| [illegible] | 17 50 | 21 | 9 | 10 | » | 2 50 | » | » | » |
| [illegible] | 21 | 24 | 12 | 12 50 | 2 50 | 5 | » | » | » |
| [illegible] | 24 50 | 27 | 15 | 15 | 5 | 7 50 | » | 2 50 | » |
| [illegible] | 28 | 30 | 18 | 17 50 | 7 50 | 10 | 2 50 | 5 | » |
| [illegible] | 31 50 | 36 | 21 | 20 | 10 | 12 50 | 5 | 7 50 | » |
| [illegible] | 35 | 42 | 24 | 22 50 | 12 50 | 15 | 7 50 | 10 | » |
| [illegible] | 42 | 48 | 27 | 25 | 15 | 17 50 | 10 | 12 50 | » |
| [illegible] | 49 | 54 | 30 | 30 | 17 50 | 20 | 15 | 17 50 | 2 50 |
| [illegible] | 63 | 66 | 42 | 40 | 22 50 | 25 | 20 | 22 50 | 7 50 |
| [illegible] | 77 | 88 | 54 | 50 | 30 | 35 | 25 | 30 | 12 50 |
| [illegible] | 91 | 96 | 66 | 60 | 40 | 45 | 30 | 35 | 17 50 |
| [illegible] | 112 | 114 | 88 | 72 50 | 50 | 55 | 35 | 40 | 22 50 |
| [illegible] | 133 | 132 | 96 | 87 50 | 60 | 65 | 45 | 50 | 30 |
| [illegible] | 154 | 150 | 114 | 102 50 | 72 50 | 80 | 55 | 60 | 40 |
| [illegible] | 175 | 174 | 132 | 117 50 | 87 50 | 95 | 65 | 72 50 | 50 |
| [illegible] | 203 | 198 | 150 | 135 | 102 50 | 110 | 80 | 87 50 | 60 |
| [illegible] | 231 | 222 | 174 | 155 | 117 50 | 125 | 95 | 102 50 | 72 50 |
| [illegible] | 259 | 246 | 198 | 175 | 135 | 145 | 110 | 117 50 | 87 50 |
| [illegible] | 287 | 276 | 222 | 195 | 155 | 165 | 125 | 135 | 102 50 |
| [illegible] | 322 | 306 | 246 | 217 50 | 175 | 185 | 145 | 155 | 117 50 |
| [illegible] | 357 | 336 | 276 | 242 50 | 195 | 205 | 165 | 175 | 135 |
| [illegible] | 374 50 | 351 | 291 | 255 | 205 | 217 50 | 175 | 185 | 145 |
| [illegible] | 392 | 366 | 306 | 267 50 | 217 50 | 230 | 185 | 195 | 155 |
| [illegible] | 427 | 396 | 336 | 292 50 | 242 50 | 255 | 205 | 217 50 | 175 |
| [illegible] | 444 50 | 411 | 351 | 305 | 255 | 267 50 | 217 50 | 230 | 185 |
| [illegible] | 462 | 426 | 366 | 317 50 | 267 50 | 280 | 230 | 242 50 | 195 |
| [illegible] | 497 | 456 | 396 | 342 50 | 292 50 | 305 | 255 | 267 50 | 217 50 |
| [illegible] | 532 | 486 | 426 | 367 50 | 317 50 | 330 | 280 | 292 50 | 242 50 |
| [illegible] | 584 50 | 516 | 471 | 405 | 355 | 367 50 | 317 50 | 330 | 280 |
| [illegible] | 602 | 546 | 486 | 417 50 | 367 50 | 380 | 330 | 342 50 | 292 50 |
| [illegible] | 654 50 | 591 | 531 | 455 | 405 | 417 50 | 367 50 | 380 | 330 |
| [illegible] | 707 | 636 | 576 | 492 50 | 442 50 | 455 | 405 | 417 50 | 367 50 |
| [illegible] | 759 50 | 681 | 621 | 503 | 480 | 492 50 | 442 50 | 455 | 405 |
| [illegible] | 1155 | 1026 | 954 | 810 | 750 | 765 | 705 | 720 | 667 50 |
| [illegible] | 3594 | 3126 | 3030 | 2515 | 2465 | 2485 | 2045 | 2425 | 2345 |
| [illegible] | 6699 | 5796 | 5688 | 4762 50 | 4672 50 | 4695 | 4605 | 4627 50 | 4537 50 |
| [illegible] | 10157 | 8766 | 8646 | 7230 | 7130 | 7155 | 7055 | 7080 | 6980 |
| [illegible] | 17157 | 14766 | 14646 | 12230 | 12130 | 12155 | 12055 | 12080 | 11980 |
| [illegible] | 31157 | 26766 | 26646 | 22230 | 22150 | 22155 | 22055 | 22080 | 21980 |

exploitations ou professions, sises ou exercées en France n'atteignent un chiffre plus élevé, auquel cas ce dernier chiffre sert de base à l'impôt.

ART. 12. — Les contribuables mariés ont droit, sur leur revenu annuel, à une déduction de 2,000 fr.

En outre, tout contribuable a droit sur son revenu annuel à une déduction de 1,000 francs par personne à sa charge, si le nombre des personnes à sa charge ne dépasse pas cinq.

Pour chaque personne au delà de la cinquième, la déduction sera portée à 1,500 francs.

ART. 13. — Sont considérées comme personnes à la charge du contribuable, à la condition de n'avoir pas de revenus distincts de ceux qui servent de base à l'imposition de ce dernier :

1° Les ascendants âgés de plus de 70 ans ou infirmes ;

2° Les descendants ou enfants par lui recueillis, s'ils sont âgés de moins de 21 ans ou s'ils sont infirmes.

ART. 14. — Chaque contribuable est taxé seulement sur la portion de son revenu qui, après application des dispositions de l'article 12, dépasse la somme de 3,000 francs.

ART. 15. — L'impôt est calculé en comptant pour un dixième la fraction du revenu imposable comprise entre 3,000 et 8,000 francs, pour deux dixièmes la fraction comprise entre 8,000 et 12,000 francs, pour trois dixièmes la fraction comprise entre 12,000 et 16,0000 francs, pour quatre dixièmes la fraction comprise entre 16,000 et 20,000 francs, pour cinq dixièmes la fraction comprise entre 20,000 et 40,000 francs, pour six dixièmes la fraction comprise entre 40,000 et 60,000 francs, pour sept dixièmes la fraction comprise entre 60,000 et 80,000 francs, pour huit dixièmes la fraction comprise entre 80,000 et 100,000 francs, pour neuf dixièmes la fraction comprise entre 100,000 et 150,000 francs, pour l'intégralité le surplus du revenu, et en appliquant au chiffre ainsi obtenu le taux de 10 %.

Sur l'impôt ainsi calculé, chaque contribuable a droit à une réduction de 5 % pour une personne à sa charge, de 10 % pour deux personnes, de 20 % pour trois personnes, et ainsi de suite, chaque personne au delà de la troisième donnant droit à une nouvelle réduction de 10 %, sans que la réduction puisse être, au total, supérieure à la moitié de l'impôt.

Art. 16. — Les contribuables passibles de l'impôt sont tenus de souscrire une déclaration de leur revenu global, avec indication par nature des revenus des éléments qui le composent.

Ils fournissent dans leur déclaration toutes indications nécessaires au sujet de leurs charges de famille.

Ils doivent, en outre, pour avoir droit au bénéfice des déductions prévues à l'article 10 indiquer dans leur déclaration le chiffre et la nature des dettes et pertes qu'ils ont déduites de leur revenu global en vertu de l'article 10.

Les déclarations sont rédigées sur ou d'après les formules dont la teneur sera fixée par un règlement d'administration publique.

Elles sont reçues dans les deux premiers mois de chaque année.

Le contribuable qui ne renouvelle pas sa déclaration est considéré comme ayant maintenu sa déclaration précédente.

Les déclarations dûment signées sont remises ou adressées au contrôleur des Contributions directes, qui en délivre récépissé.

ART. 17. — Le contrôleur vérifie les déclarations. Il peut demander au contribuable des éclaircissements. Il a le droit de rectifier les déclarations, mais, dans ce cas, il adresse au contribuable, avant d'établir la matrice du rôle, l'indication des éléments qui serviront de base à son imposition, l'invite à se faire entendre ou à faire parvenir son acceptation ou ses observations et à fournir, s'il y a lieu, les justifications utiles au sujet des déductions qu'il demande par application des articles 10, 12 et 15. Si le désaccord persiste, le contribuable conserve le droit de réclamer par la voie contentieuse, après la publication du rôle.

Lorsqu'une insuffisance du revenu déclaré aura été constatée par l'Administration après l'établissement du rôle, la cotisation correspondant à cette insuffisance pourra être réclamée au contribuable soit dans l'année même, soit au cours des cinq années suivantes (1).

Si une réclamation est introduite, le Tribunal saisi du litige apprécie les motifs invoqués par l'Administration et par le contribuable et fixe la base d'imposition, la charge de la preuve incombant à l'Administration.

ART. 18. — Le montant de l'impôt sera majoré de 10 % pour le contribuable qui n'aura pas souscrit de déclaration dans le délai prévu par l'article 16. Dans le cas où le contribuable n'a déclaré qu'un revenu insuffisant, il est tenu de verser, en sus des droits afférents au montant réel de son revenu imposable, une somme égale à la partie de ces droits correspondant au revenu non déclaré. Toutefois, le droit en sus n'est applicable que si l'insuffisance constatée est supérieure au dixième du revenu imposable.

_______

(1) Ce délai a été rendu applicable aux rappels pour insuffisance de la taxation d'office prévue à l'art. 19 ci-après, aux termes de l'art. 5 de la loi du 29 décembre 1915. (Voir texte page 37.

Art. 19. — Tout contribuable qui s'est abstenu de faire sa déclaration ou de répondre à la demande d'éclaircissements du contrôleur est taxé d'office.

En cas de désaccord avec le contrôleur, le contribuable taxé d'office ne peut obtenir, par la voie contentieuse, la décharge ou la réduction de la cotisation qui lui a été ainsi assignée qu'en apportant toutes les justifications de nature à faire la preuve du chiffre exact de son revenu, et il supporte la totalité des frais de l'instance, y compris ceux d'expertise. Toutefois, au cas où son revenu, établi par la juridiction compétente, ne serait pas supérieur de plus de 10 % au chiffre du revenu produit par lui, ces frais incombent à l'Etat.

Art. 20. — En cas d'absence ou d'insuffisance de déclaration ou de taxation constatée à l'ouverture d'une succession, le Trésor opérera le recouvrement des impôts non perçus, majorés comme il est dit à l'article 18.

Art. 21. — Les rôles de l'impôt général sur le revenu sont établis et le recouvrement en est poursuivi comme en matière de contributions directes.

En cas de déménagement du contribuable hors du ressort de la perception, comme en cas de vente volontaire ou forcée, l'impôt est immédiatement exigible pour la totalité de l'année courante.

Art. 22. — Les réclamations relatives à l'impôt général sur le revenu sont présentées, instruites et jugées comme en matière de contributions directes.

Toutefois, ces réclamations sont jugées et les décisions prononcées en audience non publique.

Art. 23. — Tous avis et communications échangés entre les agents de l'Administration ou adressés par eux aux contribuables et concernant l'impôt sur le revenu doivent être transmis sous enveloppe fermée.

Les franchises postales et les taux spéciaux d'affranchissement reconnus nécessaires seront concédés ou fixés par décret.

Est tenue au secret professionnel, dans les termes de l'article 378 du Code pénal, et passible des peines prévues au dit article, toute personne appelée, à l'occasion de ses fonctions ou attributions, à intervenir dans l'établissement, la perception ou le contentieux de l'impôt.

ART. 24. — Les contribuables ne sont autorisés à se faire délivrer des extraits des rôles de l'impôt général sur le revenu, suivant les dispositions législatives ou réglementaires applicables aux contributions directes, qu'en ce qui concerne leurs propres cotisations.

ART. 25. — Un règlement d'administration publique fixera les mesures d'exécution nécessaires pour l'application des dispositions des articles 5 à 24 de la présente loi. Ces articles entreront en vigueur à partir du 1$^{er}$ janvier 1915.

---

## LOI DU 26 DECEMBRE 1914

### portant ouverture de crédits provisoires sur l'exercice 1915.

---

ART. 5. — La date à laquelle entreront en vigueur les dispositions de la loi de finances du 15 juillet 1914, relatives à l'établissement d'un impôt général sur le revenu, est reportée au 1$^{er}$ janvier 1916.

---

# LOI DU 29 DECEMBRE 1915

## portant ouverture de crédits provisoires sur l'exercice 1916.

ART. 5. — L'article 5 de la loi du 26 décembre 1914 est complété ainsi qu'il suit :

« Toutefois, le ministre des Finances est autorisé à proroger par décret les délais impartis pour l'accomplissement des formalités prévues par les articles susvisés de la loi du 15 juillet 1914, de manière que la mise en recouvrement de l'impôt soit assurée avant le 31 décembre 1916.

« Un décret fixera également les conditions dans lesquelles des délais supplémentaires, ne pouvant dépasser trois mois à dater de la fin des hostilités, seront accordés aux contribuables, mobilisés ou non, qui se trouveraient empêchés, par suite d'un cas de force majeure dûment constaté, de souscrire en temps utile la déclaration prévue par l'article 16 de la loi du 15 juillet 1914.

« Les délais visés au paragraphe 2 de l'article 17 de la dite loi seront applicables aux taxations d'office. »

# DECRET DU 30 DECEMBRE 1915

## fixant le point de départ des délais pour les déclarations relatives à l'impôt général sur le revenu.

ARTICLE PREMIER. — Le point de départ des délais pour les déclarations relatives à l'impôt général sur le revenu fixé par l'article 16, paragraphe 5, de la loi du 15 juillet 1914 est reporté du 1er janvier au 1er mars 1916.

# DÉCRET DU 17 JANVIER 1917

portant règlement d'administration publique pour l'exécution des dispositions de la loi du 15 juillet 1914 complétées par l'article 5 de la loi du 29 décembre 1915 et modifiées par l'article 5 de la loi du 30 décembre 1916 et relatives à l'établissement d'un impôt général sur le revenu.

## CHAPITRE PREMIER

*Du revenu imposable.*

ARTICLE PREMIER. — En vue de la détermination pour chaque contribuable passible de l'impôt général sur le revenu, du revenu total qui doit servir de base au calcul de sa contribution, les revenus provenant de sources diverses sont classés de la façon suivante :

Revenus des propriétés foncières bâties ;
Revenus des propriétés foncières non bâties ;
Revenus des valeurs et capitaux mobiliers ;
Bénéfices de l'exploitation agricole ;
Bénéfices du commerce, de l'industrie, de l'exploitation minière et des charges et offices ;
Revenus des professions libérales ;
Revenus des emplois publics et privés ;
Revenus de tous capitaux et de toutes occupations lucratives non dénommées ci-dessus ;
Retraites, pensions et rentes viagères.

Pour chaque catégorie de revenus, le revenu net est constitué par l'excédent du produit brut effectivement réalisé, y compris la valeur des profits et des avantages dont le contribuable a joui en nature, sur les dépenses effectuées en vue de l'acquisition et de la conservation du revenu.

Ces dépenses comprennent notamment :

En ce qui concerne les propriétés foncières, les frais de gestion, d'assurance, d'entretien et l'amortissement du capital immobilier, à l'exclusion des sommes dépensées pour l'accroissement de ce capital.

En ce qui concerne les valeurs mobilières, les impôts dont la charge annuelle incombe au possesseur de ces valeurs.

En ce qui concerne les exploitations agricoles, commerciales, industrielles et autres, le loyer, ou. si l'exploitant est propriétaire, la valeur locative des fonds sur lesquels porte l'exploitation agricole, ainsi que des propriétés immobilières occupées pour les besoins de toutes les exploitations ci-dessus mentionnées; l'intérêt des capitaux prêtés à l'entreprise lorsque la personnalité de celle-ci est distincte de celle de l'exploitant; les traitements, salaires et rétributions diverses payées aux employés, ouvriers et auxiliaires, ainsi que la valeur des avantages et des produits qui leur sont concédés en nature; le coût des matières premières, les frais généraux divers et les frais d'assurance; le loyer du matériel et des installations n'ayant pas un caractère immobilier ou, si l'exploitant en est propriétaire, les frais d'entretien et l'amortissement, en tenant compte de la nature et des conditions de l'exploitation, à l'exclusion des sommes dépensées pour donner une plus-value à l'outillage et de celles affectées à l'extension de l'entreprise ou à la constitution de réserves.

En ce qui concerne les professions, emplois et toutes autres occupations lucratives, les frais de toute nature et les dépenses que nécessite spécialement l'exercice de la fonction, de la profession, de l'emploi ou de l'occupation, ainsi que les retenues supportées et les sommes versées pour la constitution de pensions ou de retraites.

ART. 2. — Le revenu net servant de base à l'impôt est formé par l'ensemble des revenus nets afférents à chacune des catégories déterminées à l'article premier, sous déduction, dans les conditions où la loi autorise ce retranchement, des charges qui grèvent l'ensemble du revenu et qui sont spécifiées à l'article 10 de la loi du 15 juillet 1914.

## CHAPITRE II

### *Des déclarations.*

ART. 3. — Le contribuable passible de l'impôt indique en sa déclaration :

A. — Ses nom et prénoms; le lieu de sa résidence ou, s'il a plusieurs résidences, le lieu de son principal établissement; la nature de ses occupations professionnelles; s'il est employé d'une administration publique ou d'une entreprise privée, l'administration ou l'entreprise à laquelle il est attaché et la nature de son emploi;

B. — Le montant de son revenu global et la répartition de ce revenu dans les diverses catégories déterminées par l'article premier du présent décret.

Le revenu global est constitué par la totalisation du revenu personnel du contribuable, de celui de sa femme, de ceux enfin des autres membres de sa famille qui habitent avec lui et des personnes qu'il déclare être à sa charge.

Toutefois, le contribuable peut s'abstenir de comprendre dans le revenu global qui fait l'objet de sa déclaration les revenus personnels des membres de sa famille visés par le second alinéa de l'article 8 de la loi du 15 juillet 1914, lorsqu'il se trouve au cas de demander le bénéfice de cette disposition de la loi. Il doit alors, dans sa déclaration, réclamer ce bénéfice et désigner nommément lesdites personnes. Si cette demande est fondée, les personnes désignées jouissent des mêmes droits et sont soumises aux mêmes obligations que les autres contribuables ;

C. — L'état des charges que, par application de l'article 10 de la loi, il a déduites pour fixer le revenu net, objet de sa déclaration.

Cet état précise :

Au sujet des dettes contractées et des rentes payées à titre obligatoire, le nom et le domicile du créancier, la nature ainsi que la date du titre constatant la créance et, s'il y a lieu, le nom et la résidence de l'officier public qui a dressé l'acte, ou la juridiction dont émane le jugement, enfin le chiffre des intérêts ou arrérages annuels ;

Au sujet des impôts directs ou des taxes assimilées aux contributions directes, la nature de chaque contribution, le lieu de l'imposition, l'article du rôle et le montant de la cotisation ;

Au sujet des pertes résultant d'un déficit d'exploitation, la désignation de l'entreprise déficitaire, le chiffre et les éléments constitutifs du déficit ;

D. — S'il est marié, la date et le lieu de son mariage ; s'il a des personnes à sa charge, les nom, prénoms, date et lieu de naissance de chacune d'elles, ainsi que les circonstances (lien de parenté, etc.) de nature à justifier que ces personnes doivent être considérées comme étant à sa charge par application de l'article 13 de la loi.

ART. 4. — La déclaration est remise au contrôleur du lieu indiqué dans cette déclaration comme étant celui où le contribuable a sa résidence unique, ou, s'il a plusieurs résidences, son principal établissement.

ART. 5. — Le contribuable qui use de la faculté de ne pas renouveler annuellement sa déclaration **doit cependant, s'il a transporté d'une commune à** une autre soit sa résidence unique, soit son principal établissement, signaler ce changement, dans le délai ouvert pour faire la déclaration annuelle, au contrôleur du lieu où doit être établie sa nouvelle imposition. Faute par lui de s'être conformé à cette prescription, et à moins qu'il ne justifie de son imposition dans une autre commune, il n'est pas recevable à se prévaloir de ce que la mutation n'a pas été opérée pour réclamer la décharge de son imposition.

ART. 6. — Lorsqu'un contribuable estime qu'il n'est pas passible de l'impôt en raison du montant de son revenu global calculé sans tenir compte, le cas échéant, des revenus des personnes de sa famille se trouvant dans les conditions prévues par le paragraphe 2 de l'article 8 de la loi, pour lesquelles il réclame des impositions distinctes, et toutes déductions prévues par les articles 10 et 12 de ladite loi ayant, d'ailleurs, été opérées, il peut en produire l'affirmation dans les deux premiers mois de l'année en l'adressant au contrôleur du lieu où il réside.

Cette affirmation devra être accompagnée, s'il y a lieu, des indications mentionnées dans les paragraphes C et D de l'article 3 du présent décret et de celles précisées par le paragraphe B du même article, qui sont relatives à la désignation des personnes de la famille du contribuable pour lesquelles celui-ci réclame les impositions distinctes.

Le contrôleur vérifie cette affirmation après avoir demandé, s'il y a lieu, des éclaircissements à son auteur. S'il ne la reconnaît pas exacte, il peut taxer d'office ce dernier comme tout contribuable qui n'a pas fait la déclaration de son revenu, sauf le droit pour l'assujetti de réclamer contre son imposition dans les délais légaux.

Art. 7. — Le contribuable taxé d'office, qui réclame la décharge de son imposition par le motif que son revenu imposable ne le rendrait pas passible de l'impôt général sur le revenu, doit, dans sa réclamation, donner les indications spécifiées dans le paragraphe 2 de l'article précédent, à moins qu'ayant produit antérieurement l'affirmation prévue par cet article, il ne les ait fournies à l'appui de cette affirmation. Faute par lui de se conformer à cette prescription, il ne pourra prétendre au bénéfice des déductions pour les dettes ou charges desquelles il n'aura pas donné ces indications.

L'Administration est tenue de prouver que le contribuable assujetti était passible de l'impôt. Pour faire la preuve à sa charge, l'Administration doit établir que, dans l'année qui a précédé celle de son imposition, l'assujetti a joui d'un revenu au moins égal au minimum imposable, après déduction des seules dettes et charges pour lesquelles les indications auront été fournies par le contribuable dans les conditions fixées par le paragraphe précédent, et auront été l'objet de justifications suffisantes.

Art. 8. — Tout contribuable qui, ayant souscrit une déclaration au cours de l'année précédente ou de l'une des années antérieures, cesse d'être passible de l'impôt général sur le revenu en avise, dans le délai de deux mois fixé par l'article 16, paragraphe 5, de la loi, le contrôleur du lieu où a été établie sa dernière imposition. Sa situation est dès lors celle des contribuables visés à l'article 6 du présent décret.

# CHAPITRE III

*Contrôle des déclarations et taxation d'office.*

ART. 9. — Les éclaircissements que le contribuable est, le cas échéant, tenu de fournir pour permettre la vérification de la déclaration qu'il a faite, en conformité de la prescription de l'article 16, paragraphe premier, de la loi, peuvent lui être demandées verbalement ou par écrit.

Lorsque le contribuable a refusé de répondre à une demande verbale d'éclaircissements, ou lorsque la réponse faite à cette demande est considérée par le contrôleur comme équivalente à un refus de répondre sur tout ou partie des points à éclaircir, le contrôleur doit, avant de procéder à la taxation d'office, renouveler sa demande par écrit.

Toutes les demandes écrites doivent indiquer les points sur lesquels le contrôleur juge nécessaire d'obtenir des éclaircissements, et assigne au contribuable, pour fournir sa réponse, un délai qui ne pourra être inférieur à quinze jours.

Les lettres d'avis reproduisent le texte complet de l'article 19 de la loi et avertissent le contribuable que, faute par lui de répondre dans le délai fixé, il sera passible de la sanction prévue par le premier paragraphe dudit article, c'est-à-dire de la taxation d'office.

# CHAPITRE IV

*Dispositions diverses.*

ART. 10. — Lorsqu'un contribuable passible de l'impôt a été inscrit à tort au rôle d'une commune dans laquelle il n'était pas imposable parce qu'il n'y avait pas sa résidence unique, ou, s'il a plusieurs résidences, son principal établissement, il peut, dans le cas où il aurait obtenu, en raison de cette erreur, la décharge de sa contribution, être inscrit à un rôle supplémentaire de la commune où il devait être imposé. Ce rôle doit être émis dans l'année qui suit la date à laquelle la décision accordant cette décharge est devenue définitive.

Art. 11. — Lorsqu'à la suite de l'ouverture de la succession d'un contribuable, il a été constaté que ce contribuable a été omis à tort ou insuffisamment imposé aux rôles de l'année de son décès ou de l'une des cinq années antérieures, il sera procédé au recouvrement des impôts non perçus, majorés comme il est dit à l'article 18 de la loi, au moyen de rôles qui peuvent être émis au cours des deux années suivant la déclaration de la succession, ou, si aucune déclaration n'a été faite, le payement par les héritiers des droits de mutation après décès.

L'imposition est établie au nom de la succession et les ayants droit sont tenus solidairement d'en acquitter le montant.

Art. 12. — Les agents du service des Contributions directes sont seuls appelés à formuler des avis sur les réclamations relatives à l'impôt général sur le revenu.

Art. 13. — Pour l'application de l'article 16, avant-dernier paragraphe de la loi, seront considérés comme ayant maintenu leurs déclarations précédentes, s'ils ne les renouvellent pas dans les deux premiers mois de l'année 1917, les contribuables qui ont fait, en 1916, la déclaration de leur revenu global en appuyant cette déclaration du détail des éléments qui le composent, comme l'article 16, paragraphe premier, de la loi, non encore modifiée, leur en donnait la faculté, ou en indiquant la répartition par nature de revenus de l'ensemble de leurs ressources, comme ils ont été tenus de le faire s'ils ont souscrit leur déclaration dans le cas prévu par le dernier paragraphe dudit article 16.

Les contribuables qui, usant du droit que leur réservait l'ancien article 16, paragraphe premier, alors en vigueur, de la loi du 15 juillet 1914, ont fait, en 1916, la déclaration de leur revenu global sans en indiquer les divers éléments, devront souscrire une nouvelle déclaration dans les conditions déterminées par le nouvel article 16, paragraphe premier, de la loi, ou s'ils entendent maintenir leur précédente déclaration, la compléter pour la rendre conforme aux prescriptions de cette disposition législative, en indiquant par nature de revenus les éléments qui composent le revenu global par eux déclaré.

ART. 14. — Le décret du 15 janvier 1916 est abrogé.

# DÉCRET DU 17 JANVIER 1917

**Délais supplémentaires pour la Déclaration accordée aux Contribuables empêchés, par suite d'un cas de force majeure, de souscrire en temps utile la déclaration pour l'impôt général sur le revenu.**

---

ARTICLE PREMIER. — Les contribuables qui, par suite de force majeure, seront empêchés de souscrire, pour 1917, dans le délai légal de déclaration prévu par le premier alinéa de l'article 16 de la loi du 15 juillet 1914, modifié par l'article 5 de la loi du 30 décembre 1916, disposeront pour produire cette déclaration d'un délai supplémentaire prenant fin au plus tard trois mois après la date de la cessation des hostilités, telle que cette date sera fixée en exécution de l'article 2 du décret du 10 août 1914.

ART. 2. — Tout contribuable mobilisé dans la zone des armées ou dont la résidence est située dans une localité envahie ou comprise dans la zone des opérations militaires sera présumé se trouver dans le cas de force majeure prévu par l'article précédent.

Lorsque des circonstances particulières permettront d'établir que le cas de force majeure présumé ne peut être en fait valablement invoqué, ou lorsqu'il aura été constaté que l'empêchement a cessé d'exister, le directeur des contributions directes notifiera à l'intéressé, par lettre recommandée avec avis de réception, qu'il doit faire la déclaration dans un délai de deux mois, lequel courra à partir de la réception de l'avis.

Si le contribuable ne produit pas de déclaration et s'il est taxé d'office, il conservera le droit de réclamer par voie contentieuse contre cette taxation et de justifier qu'à la date de l'avis qui lui a été adressé, il se trouvait réellement dans le cas de force majeure prévu par la loi. Si sa réclamation est reconnue fondée, il obtiendra l'annulation de son imposition et se retrouvera placé dans la situation du contribuable pour qui le délai de déclaration n'est pas expiré, à moins que le terme extrême fixé par l'article précédent ne soit déjà dépassé, auquel cas il disposera pour faire sa déclaration d'un délai de deux mois à partir du jour où lui aura été notifié la décision intervenue.

Art. 3. — Quand un contribuable, n'étant pas en situation de se pré
valoir de la présomption stipulée à l'article précédent, se croira en droit
de prétendre qu'il est empêché par suite de force majeure de souscrire
sa déclaration dans le délai fixé pour 1917, il devra, s'il veut obtenir
le bénéfice de délais supplémentaires, en informer le directeur des
contributions directes, 15 jours au plus tard avant l'expiration du délai
légal, en précisant la nature de l'empêchement qu'il entend invoquer;
le délai de déclaration sera suspendu, en ce qui le concerne, moyen
nant l'accomplissement de cette formalité.

Si le directeur estime que le cas de force majeure est allégué à tort,
il en avertira, par lettre recommandée avec avis de réception, le contri
buable, qui pourra faire sa déclaration dans les quinze jours suivant la
réception de cet avis, au cas où le délai normal prendrait fin avant
l'expiration de ladite période.

Lorsque le directeur aura constaté que l'empêchement ayant motivé
la prolongation du délai de déclaration a cessé d'exister, il en préviendra
l'intéressé, par lettre recommandée avec avis de réception, en lui impar
tissant, pour produire sa déclaration, un délai de deux mois, lequel
courra à partir de la réception de l'avis.

Dans l'un et l'autre cas, les dispositions du dernier alinéa de l'article 1
seront applicables, s'il y a désaccord entre l'administration et le contri
buable.

Art. 4. — Le ministre des finances est chargé de l'exécution du présent
décret.

# TABLEAU SYNOPTIQUE

| DÉSIGNATION des DIVERSES SOURCES DE REVENUS 1 | ÉLÉMENTS du REVENU BRUT 2 |
|---|---|
| **1** | |
| **Propriétés foncières bâties :** | |
| *A.* Propriétés louées. | Somme des loyers *effectivement* [per]chés. |
| *B.* Propriétés non louées dont le propriétaire *se réserve l'usage* et propriétés concédées *gratuitement* à un tiers sans qu'il y ait un acte obligeant à cette concession. | Prix du loyer dont l'immeuble[…] susceptible par comparaison[…] des propriétés similaires lou[…] c'est-à-dire le plus souvent la[…] leur locative base de l'impô[t fon]cier, représentée par le revenu[…] inscrit à la matrice cadas[trale…] bâtie augmenté d'un tiers pou[r les] maisons et de 67 % pour les us[ines…] |
| *C.* Propriétés concédées en vertu d'un engagement régulier. | Néant. |
| *D.* Propriétés dont l'occupant a la jouissance à titre gratuit bien que ne lui appartenant pas. | Comme pour *B.* |

...abli en conformité des indications ...diquant, pour les diverses sources de ...utiliser ...venu net imposable.

| FRAIS A DÉDUIRE<br>DU REVENU BRUT<br>pour dégager le revenu net.<br>3 | OBSERVATIONS<br>4 |
|---|---|
| Frais de gestion :<br>Rémunération du gérant ;<br>Salaire du concierge ;<br>Abonnements pour fourniture d'eau, gaz, électricité ;<br>Frais de chauffage ;<br>Dépense de fonctionnement d'ascenseur, etc., etc.<br>Frais d'entretien : Vidange, réparations de toute nature, nettoyage et ravalement des façades, etc.<br>Frais d'assurance contre les risques divers (incendie, inondations, bris de glace, etc.).<br>Amortissement du capital immobilier, y compris celui qui correspond aux dépenses destinées à donner une plus-value aux immeubles et en accroître le rendement.<br><br>Frais d'entretien. (Comme pour *A*.)<br>Amortissement du capital immobilier. (Comme pour *A*.)<br><br><br><br>Comme pour *A*.<br><br>Comme pour *B*. | Il n'y a pas lieu de déduire les sommes dépensées pour donner une plus-value aux immeubles et en accroître le rendement (agrandissements, construction d'annexes, améliorations intérieures).<br>En pratique, on pourra user d'un système de déduction forfaitaire et l'on sera autorisé à prendre le revenu inscrit à la matrice cadastrale bâtie comme représentant le revenu brut devant servir de base à l'impôt sur le revenu. |

| DÉSIGNATION<br>des<br>DIVERSES SOURCES DE REVENUS<br>1 | ÉLÉMENTS<br>du<br>REVENU BRUT<br>2 |
|---|---|
| II<br>**Propriétés foncières non bâties :** | |
| *A*. Propriétés louées à un tiers. | Montant des fermages perçus, y compris la valeur des redevances accessoires stipulées au profit du bailleur. |
| *B*. Propriétés exploitées directement par le propriétaire. | Prix du loyer dont la propriété serait susceptible en cas de location. |
| *C*. Propriétés exploitées par le propriétaire avec le concours de métayers ou colons. | Comme pour *B*. |
| *D*. Bois non loués et exploités par le propriétaire seul ou avec le concours de métayers ou colons. | Prix de la vente des coupes et autres produits effectués pour l'année envisagée. |
| III | |
| **Valeurs et capitaux mobiliers.** | Montant des arrérages, intérêts, dividendes et autres produits des:<br>Rentes, obligations et autres effets publics émis par l'Etat français, les colonies françaises et les Etats étrangers (au cours du change);<br>Actions, parts d'intérêts, parts de fondateurs, commandites, obligations et emprunts de toute nature des sociétés et collectivités françaises et étrangères;<br>Créances hypothécaires, privilégiées et chirographaires;<br>Dépôts de sommes d'argent, cautionnements en numéraire. |

| FRAIS A DÉDUIRE<br>DU REVENU BRUT<br>pour dégager le revenu net.<br>3 | OBSERVATIONS<br><br>4 |
| --- | --- |
| ontant des dépenses payées par le propriétaire (rétribution du régisseur, entretien des clôtures, curage des fossés, remplacement des arbres à fruits, etc.).<br>mortissement des installations immobilières autres que les bâtiments. | Lorsque la déclaration du revenu doit être faite d'une manière détaillée, il est indispensable de dégager le revenu afférent aux immeubles bâtis compris dans la propriété non bâtie.<br><br>On pourra, comme pour les propriétés bâties, arbitrer le revenu base de l'impôt général au chiffre de revenu imposable inscrit à la matrice cadastrale non bâtie, en ayant soin toutefois d'ajouter le revenu afférent aux bâtiments ruraux qui ne supportent pas l'impôt foncier. |
| épenses payées par le propriétaire et n'ayant pas le caractère de dépenses d'exploitation.<br><br>omme pour B | |
| rais de gestion, de garde, d'entretien et de repeuplement engagés pendant l'année envisagée. | Pour les années pendant lesquelles aucune coupe n'a lieu, les dépenses sont déduites sur les autres revenus du contribuable. |
| mpôts annuels (taxe sur le revenu, droit de timbre, droit de transmission).<br>rais de garde, d'encaissement, etc., payés aux banques et établissements de crédit. | |

| DÉSIGNATION<br>des<br>DIVERSES SOURCES DE REVENUS<br>1 | ÉLÉMENTS<br>du<br>REVENU BRUT<br>2 |
|---|---|
| **IV**<br>**Bénéfices de l'exploitation agricole :**<br>*A.* Propriétés tenues en location. | Vente des produits de la cultur[e] de l'élevage. |
| *B.* Exploitation directe du fonds par le propriétaire. | Produit brut de l'exploitation (ve[nte] des produits de la culture ou [de] l'élevage). |
| *C.* Exploitation à portion de fruits :<br>*a*) Métayer ou colon partiaire;<br>*b*) Propriétaire. | Recettes faites par chacun d'e[ux] (Comme pour *B*, col. 2.) |
| **V**<br>**Bénéfices du commerce, de l'industrie, de l'exploitation minière, des charges et offices. — Revenus des professions libérales.** | Montant annuel des sommes p[er]çues par l'exploitant pour prix d[es] ventes effectuées ou pour p[aie]ment des opérations exécutées. |

| FRAIS A DÉDUIRE<br>DU REVENU BRUT<br>pour dégager le revenu net.<br>3 | OBSERVATIONS<br><br>4 |
|---|---|
| Dépenses supportées par l'exploitant:<br>Loyer payé au propriétaire et charges accessoires;<br>Intérêt des capitaux empruntés à des tiers et engagés dans l'entreprise;<br>Salaires et gages des ouvriers et employés;<br>Frais généraux d'exploitation;<br>Assurances diverses (incendie, grêle, mortalité du bétail, accidents du travail);<br>Amortissement du matériel agricole.<br><br>Valeur locative du fonds. (Voir Propriétés foncières non bâties, § B, col. 2.)<br>Dépenses d'exploitation. (Voir ci-dessus A, col. 3, §§ b à f.)<br>Dépenses faites par chacun d'eux. (Comme pour B, col. 3.)<br><br>Prix d'acquisition des marchandises vendues ou des matières premières utilisées pour la fabrication, si le contribuable est marchand ou fabricant;<br>Intérêt des capitaux empruntés à des tiers et engagés dans l'exploitation;<br>Loyer payé au propriétaire des immeubles affectés à l'entreprise (a);<br>Traitements, salaires, remises, gratifications et rétributions de toute sorte payés aux employés, ouvriers ou auxiliaires, y compris la valeur du logement ou de la nourriture qui leur sont fournis comme supplément de rémunération;<br>Frais généraux divers;<br>Frais d'entretien et amortissement du matériel et objets mobiliers appartenant à l'exploitant.<br>Frais d'assurance contre les risques divers (incendies des marchandises et du mobilier, accidents du travail, etc.). | Il n'y a pas lieu de déduire les sommes affectées à la constitution de réserves, ni celles qui sont consacrées à l'extension de l'entreprise ou dépensées pour donner une plus-value à l'outillage. Il en est de même de l'intérêt des capitaux engagés par l'exploitant dans sa propre entreprise, et de la rémunération qu'il s'attribuerait pour son travail personnel.<br><br>(h) Si l'exploitant est propriétaire des immeubles occupés, retrancher, au lieu du loyer, la valeur locative de ces immeubles. (Voir Propriétés bâties, § B, col. 2.)<br>On ne doit pas déduire dans ce cas les dépenses d'entretien, d'assurance et d'amortissement de l'immeuble. |

| DÉSIGNATION des DIVERSES SOURCES DE REVENUS 1 | ÉLÉMENTS du REVENU BRUT 2 |
|---|---|
| **VI**<br>**Exercice d'un commerce ou d'une industrie en société.** | |
| **VII**<br>**Charges et offices, professions diverses autres que les professions industrielles et commerciales.** | Montant des encaissements annuel |
| **VIII**<br>**Emplois publics et privés :**<br>*A.* Emplois publics. | Traitement, solde, remise, allocations et indemnités quelconque<br>Valeur locative du logement c cédé *gratuitement.* |
| *B.* Emplois privés. | Appointements et avantages pé niaires qui s'y ajoutent (remi parts de bénéfices, gratificatio elc.).<br>Valeur des avantages en nature ( gement, chauffage, éclairage fo nis *gratuitement*). |
| **IX**<br>**Revenus non dénommés dans les précédentes catégories.** | Gains réalisés par suite de parti pation accidentelle à des actes commerce et provenant d'opé tions qui, sans constituer l'exe cice d'une véritable professi procurent des bénéfices d'une ture analogue à celle des bénéfi professionnels;<br>Profit de toutes occupations lucra tives;<br>Rémunérations attribuées aux me bres des conseils d'administrati des sociétés anonymes. |
| **X**<br>**Retraites, pensions et rentes viagères.** | Sommes touchées comme arrérag |

| FRAIS A DÉDUIRE<br>DU REVENU BRUT<br>pour dégager le revenu net.<br>3 | OBSERVATIONS<br>4 |
|---|---|
| | Les bénéfices totaux de l'entreprise déterminée comme il est dit ci-dessus sont répartis entre les associés d'après les droits respectifs de chacun d'eux tels qu'ils résultent de l'acte de société ou des conventions existantes. |
| ...yer ou valeur locative des locaux professionnels, frais inhérents à la charge, l'office ou la profession (appointements du personnel, frais de bureau, frais de déplacement, amortissement du mobilier ou du matériel, etc.). | |
| ...tenues supportées pour le service des pensions de retraite; ...yer des locaux affectés au service; ...tribution des auxiliaires; ...ais de bureau, de tournées ou de déplacement réellement dépensés. | |
| ...penses inhérentes à l'emploi; ...sements effectués aux caisses publiques ou privées pour la constitution de retraites. | |
| ...mmes dépensées pour acquérir les gains et profits énumérés ci-contre. ...èvements que ces gains et profits auraient subis (taxe perçue sur les tantièmes des administrateurs de sociétés). | |
| ...ant. | |

5761. — Bordeaux. — Imprimerie G. Delmas.

# LIBRAIRIE SOCIALE

## DELMAS, Éditeur, 6, Place Saint-Christoly, BORDEAUX

Ce que tout le Monde doit savoir

AU SUJET DE LA

# Loi sur le Salaire des Ouvrières à domicile

## dans l'Industrie du Vêtement

(Loi du 10 Juillet 1915      La brochure : **O fr. 75**

**Carnet de travail pour ouvrières confectionneuses**
- de 8 pages............................ **O fr. 15**
- de 16 pages............................ **O fr. 25**

    Minimum de 10 carnets.

**Lois et décrets sur les responsabilités des accidents du travail**
- L'affiche............................ **O fr. 40**

**Réglementation du travail dans l'industrie concernant plus spécialement les enfants et les femmes**
- L'affiche............................ **O fr. 40**

**Application de la loi sur le repos hebdomadaire**
- L'affiche............................ **O fr. 40**

**Registre d'usine ou d'atelier destiné à recevoir l'inscription des enfants de moins de 18 ans et les observations du service de l'inspection du travail**
- Le registre............................ **I fr. 25**

**Registre de roulement pour le repos hebdomadaire**
- Le registre............................ **I fr. 25**

www.ingramcontent.com/pod-product-compliance
Lightning Source LLC
Chambersburg PA
CBHW062329070726
47596CB00008B/611